Cuisine

LIBANAISE

PRODUITS DE BASE DE LA CUISINE LIBANAISE

Signes de la popularité croissante de la cuisine libanaise, la pita et le boulgour sont accessibles dans beaucoup de supermarchés. On trouve les ingrédients moins connus (tahineh, okras) dans les magasins et rayons d'alimentation exotique ou diététique et sur certains marchés.

Boulgour : blé concassé, précuit à la vapeur avant concassage. Trempé dans l'eau pendant 10 minutes, égoutté, on l'utilise en salade, comme le taboulé, ou on l'intègre à des boulettes de viande (keftas).

Coriandre : on trouve assez couramment cette herbe au parfum acidulé. Ses petites feuilles plates sont finement dentelées. On utilise également les graines de coriandre, entières ou moulues.

Cumin : les graines de cumin, entières ou réduites en poudre, ont un arôme chaud, un peu âcre. Elles se préservent mieux entières et il faut les moudre au moment de les utiliser. On conserve bien le cumin dans un petit bocal, étanche.

Eau de fleur d'oranger : solution saturée de néroli, essence extraite des fleurs du bigaradier. On en parfume des pâtisseries, divers desserts et des sirops.

Eau de rose : essence diluée de roses rouges odorantes. Elle ajoute une note subtile et inhabituelle aux gâteaux et sucreries. On la trouve dans certains rayons d'alimentation, en parfumerie et en pharmacie.

Hoummous : cette crémeuse purée de pois chiches, assaisonnée d'huile d'olive, ail et jus de citron, est aux pays du Moyen-Orient ce que les frites sont à la France. On trouve le hoummous tout fait, dans les épiceries moyen-orientales ou au supermarché. Il peut accompagner des brochettes ou des crudités, ou encore tartiner la pita.

Lentilles : elles peuvent être brunes, blondes, vertes ou roses. On les cuit sans trempage préalable, en les recouvrant de leur volume d'eau, 15 à 30 minutes. On peut en faire des salades, des purées et des soupes.

Mezze : ce terme signifie hors-d'œuvre.

Les Libanais ont coutume de servir un généreux assortiment de mezze, qui parfois constituent tout un repas.

Okra : appelé aussi gombo, ce légume tropical est une capsule verte cannelée, en forme de cône. On peut l'acheter frais ou en conserve, notamment dans les magasins asiatiques. Frais, il faut enlever son pédoncule (base large) avant cuisson. Les okras se conservent 10 jours au réfrigérateur. À défaut, les remplacer par des courgettes ou de la courge.

Pâte filo : on la trouve toute faite, réfrigérée, dans les rayons de produits moyen-orientaux, en paquet de feuilles fines comme du papier. Cette pâte est un mélange de farine, à haute teneur en gluten, d'huile et d'eau. Comme elle se dessèche et se brise très facilement, on l'enveloppe d'un film alimentaire ou d'un linge humide.

Pistaches : la couleur verte de ces amandes réjouit l'œil. On les décortique à la main.

Pois chiches : ces gros pois blonds sont un aliment de base au Liban et dans la plupart des pays méditerranéens. On en fait le hoummous et les falafels (rissoles épicées). Les pois chiches se trouvent soit secs, en vrac, soit en conserve. Avant la cuisson, les pois chiches secs doivent tremper dans l'eau, au moins 4 heures.

Tahineh : cette pâte de graines de sésame grillées se trouve en bocal dans les magasins d'alimentation exotique. Il faut bien la mélanger avant de s'en servir, car la partie la plus liquide remonte à la surface.

Yaourt : lait caillé fermenté. En France, le yaourt est surtout connu comme dessert mais, de plus en plus, on découvre ses usages culinaires multiples comme dans beaucoup de pays, du Proche-Orient à l'Asie. Battu avec du concombre haché, il rafraîchit le palais après un plat épicé.

Couvrir de sel la chair des aubergines. Laisser dégorger de 10 à 15 minutes.

Faire cuire au four 20 minutes, puis retirer la peau.

LES ENTRÉES (MEZZE)

On demande souvent un assortiment de mezze dans les restaurants libanais, car ces petits plats sont aussi appétissants que nourrissants.

Crème d'aubergine au tahineh

Préparation : 20 minutes
Cuisson : 20 minutes
Pour 6 à 8 personnes

2 petites aubergines, coupées en deux dans la longueur	*1/4 de bol de tahineh*
2 gousses d'ail, écrasées	*1 c. à soupe d'huile d'olive*
2 c. à café de jus de citron	*1 c. à soupe de menthe fraîche, hachée*
	Sel

1 Préchauffer le four à 190 °C.

2 Saupoudrer de sel la chair des aubergines. Laisser dégorger 10 à 15 minutes, rincer et essuyer avec du papier absorbant.

3 Dans un plat à four, disposer les moitiés d'aubergines, face intérieure tournée vers le haut. Faire cuire au four une vingtaine de minutes, jusqu'à ce que la chair soit tendre. Retirer la peau.

4 Dans un mixeur, mettre la pulpe d'aubergine, l'ail, le jus de citron, le tahineh et l'huile d'olive. Broyer pour obtenir une crème. Saler selon le goût.

5 Garnir de menthe et servir avec de la pita.

Note : Ce plat, nommé *baba ghannouj*, est l'un des hors-d'œuvre préférés au Moyen-Orient.

Mettre dans un mixeur aubergine, ail, jus de citron, tahineh et huile.

Mixer 30 secondes pour réduire en crème. Saler.

Hoummous

Le plus célèbre hors-d'œuvre libanais.

Préparation :
10 minutes
+ trempage
Cuisson :
1 heure
Pour 8 à 10 personnes

1 bol de pois chiches secs
750 ml d'eau
1 jus de citron
60 ml d'huile d'olive
2 gousses d'ail, hachées
2 c. à soupe d'eau
1/2 c. à café de sel
Paprika

1 Faire tremper les pois chiches secs dans l'eau, au moins 4 heures, sauf s'ils sont en boîte. Égoutter, mettre dans une casserole, ajouter l'eau et porter à ébullition. Laisser frémir 1 heure à découvert, égoutter.
2 Mixer les pois chiches, le jus de citron, l'huile, l'ail, l'eau et le sel, 30 secondes pour obtenir une purée crémeuse.

VARIANTE
Ajouter au hoummous 185 g de tahineh : on en fait une sauce pour les kebabs en l'allongeant d'un peu d'eau. Saupoudrer de paprika et servir avec du pain pita.

Faire tremper les pois chiches plusieurs heures.

Laisser cuire les pois chiches pendant 1 heure et égoutter.

Verser pois chiches, jus de citron, l'huile, ail, eau et sel dans un mixeur.

Mixer tous les ingrédients pour obtenir une purée.

Rouleaux croustillants

Préparation :
25 minutes
Cuisson :
15-20 minutes
Pour 24 rouleaux

2 c. à soupe d'huile d'olive
1 oignon, émincé
1/3 de bol de pignons
500 g d'agneau, haché
1/4 de bol de raisins secs, hachés
1 bol de fromage râpé
2 c. à soupe de coriandre, hachée
2 c. à soupe de menthe, hachée
1 c. à café de poivre moulu
375 g de pâte filo
85 g de beurre

SAUCE AU YAOURT
1/4 de concombre
2 pots de yaourt
1 c. à soupe de coriandre, hachée

1 Préchauffer le four à 190 °C. Tapisser une plaque à four de 32 x 28 cm d'un papier sulfurisé, huilé.

2 Chauffer 2 cuillerées à soupe d'huile dans une cocotte. À feu moyen, laisser dorer l'oignon et les pignons. Ajouter l'agneau et le faire revenir à feu moyen, 5 à 10 minutes, jusqu'à ce qu'il soit bien doré et que presque tout le liquide soit évaporé.

3 Retirer du feu et laisser un peu refroidir. Ajouter les raisins, le fromage, 2 cuillerées à café de coriandre, autant de menthe, 1 cuillerée à café de poivre et mélanger.

4 Poser 6 feuilles de pâte sur le plan de travail. Découper chaque feuille en 4 bandes. Badigeonner 60 g de beurre fondu les bandes de pâte et les poser l'une sur l'autre. Placer 1 cuillerée à soupe de farce à l'agneau et enrouler.

5 Disposer les rouleaux sur la plaque et les badigeonner avec le restant de beurre. Enfourner et laisser cuire 15 à 20 minutes, jusqu'à ce que la pâte soit bien dorée. Servir chaud ou froid avec la sauce au yaourt.

6 Sauce au yaourt- Éplucher le concombre, retirer les graines et émincer la chair. Le mélanger au yaourt, avec la coriandre.

CONSEIL

Ces rouleaux croustillants à l'agneau peuvent être préparés à l'avance et conservés pendant 3 mois au congélateur, dans un sachet plastique.

Faire dorer dans l'huile oignon et pignons à feu moyen.

Ajouter raisin, fromage, coriandre, menthe et poivre.

Découper 6 feuilles de pâte en 4 bandes chacune.

Enrouler 1 cuillerée à soupe de farce d'agneau sur l'extrémité de la bande.

Feuilles de chou farcies

Préparation :
30 minutes
Cuisson :
20-25 minutes
Pour 6 personnes

6 grandes feuilles de chou vert

FARCE
2 c. à café d'huile d'olive
4 oignons nouveaux, émincés
1 gousse d'ail, écrasée
2 c. à soupe de concentré de tomate
1/2 bol de raisins secs bruns
2 c. à soupe d'amandes effilées
1 c. à café de graines de cumin
1/2 c. à café de cannelle en poudre
2 c. à soupe de persil, haché
2 1/2 bols de riz long grain, cuit
250 ml de bouillon de poule ou de légumes

SAUCE AU YAOURT
2 pots de yaourt
1 c. à café de cumin
1 c. à soupe de menthe, hachée

1 Préchauffer le four à 190 °C. Badigeonner d'huile ou de beurre fondu un plat à four, à bords hauts.
2 Blanchir les feuilles de chou dans l'eau bouillante. Égoutter, retirer la base dure des feuilles et réserver les feuilles.
3 Farce - Chauffer l'huile dans une grande poêle. Faire blondir l'oignon et l'ail à feu moyen. Ajouter le concentré de tomate, les raisins secs, les amandes, les graines de cumin, la cannelle, le persil, le riz cuit. Bien mélanger. Retirer du feu et laisser refroidir quelques instants.
4 Déposer 3 cuillerées à soupe de farce sur l'extrémité d'une feuille de chou. Enrouler, replier les côtés vers l'intérieur et continuer d'enrouler. Procéder de même pour chaque feuille. Disposer les farcis, verser le bouillon par-dessus, couvrir et cuire au four 20-25 minutes.
5 Sauce au yaourt - Mélanger yaourts, cumin et menthe. La servir avec les feuilles de chou farcies, décorées de menthe ou de coriandre fraîche.

CONSEILS
La sauce au yaourt doit se préparer seulement au moment de servir. Si les feuilles de chou sont difficiles à détacher, ébouillanter le chou entier 3 ou 4 minutes. Le laisser refroidir quelques instants dans une passoire. Les feuilles devraient se défaire facilement.

Ébouillanter les feuilles de chou 10 secondes.

Mélanger concentré de tomate, raisins secs, amandes, épices, persil et riz.

Déposer la farce sur l'extrémité de la feuille de chou et l'enrouler.

Mettre les farcis dans un plat à four et les arroser de bouillon.

Falafels à la salade piquante

Ces croquettes libanaises sont les plus connues.

Préparation :
25 minutes
+ 30 de levage
+ 4 heures de trempage

Cuisson :
20-25 minutes

Pour 6 personnes

FALAFELS

2 bols de pois chiches
750 ml d'eau
1 oignon moyen, émincé
2 gousses d'ail, écrasées
2 c. à café de persil, haché
1 c. à café de coriandre, hachée
1 c. à café de cumin en poudre
1 c. à soupe d'eau
2 pincées de levure
Huile pour friture

SALADE PIQUANTE

2 tomates pelées, coupées en dés
1/4 de concombre libanais, coupé en dés
1/2 poivron vert, coupé en julienne
2 c. à soupe de persil, haché
3 pincées de sucre
2 c. à café de sauce chili
Poivre noir en grains
1 citron

1 Falafels - Faire tremper les pois chiches dans l'eau, 4 heures ou toute une nuit. Les égoutter et les réduire au mixeur en fine purée.

2 Ajouter l'oignon, l'ail, le persil, la coriandre, le cumin, l'eau, la levure. Mixer 10 secondes pour obtenir une pâte. Laisser lever 30 minutes.

3 Salade piquante - Mélanger dans un saladier les légumes avec le zeste et le jus du citron, le sucre, la sauce chili, 6 tours de moulin à poivre, le persil.

4 Prélever à la cuillère la pâte de falafel et former de grosses boulettes. Les presser entre les mains pour en extraire le liquide. Faire chauffer l'huile dans une cocotte, y plonger chaque boulette avec une cuillère. La laisser immergée 3-4 minutes en remuant légèrement la cuillère. Lorsque les croquettes sont d'un brun doré, les retirer à l'écumoire et les égoutter sur du papier absorbant.

5 Servir les falafels sur un lit de salade piquante, ou dans des pitas garnies au hoummous.

Mélanger tous les ingrédients des falafels.

Déposer tout ce qui compose la salade piquante.

À l'aide d'une cuillère, former des boulettes de pâte.

Lorsque les falafels ont bien doré, les égoutter sur du papier absorbant.

Boulettes de poulet aux pistaches

Préparation :
10 minutes
Cuissson :
6 minutes
Pour 14 boulettes

375 g de poulet haché
3/4 de bol de chapelure
1/3 de bol de pistaches décortiquées, hachées
1 œuf, légèrement battu
1/2 c. à café de curcuma en poudre
1/2 c. à café de cannelle en poudre
1 c. à soupe de graines de coriandre moulues
1/2 bol de farine
2 c. à soupe d'huile d'olive
Quartiers de citron

1 Dans une jatte, tout mélanger : poulet, chapelure, pistaches, œuf, curcuma, cannelle, coriandre, farine, huile d'olive.

2 Prélever le mélange par cuillerées, former des boulettes et les rouler dans la farine.

3 Chauffer l'huile. À feu vif, faire rissoler plusieurs boulettes à la fois, en les retournant fréquemment. Les égoutter sur du papier absorbant.

4 Servir avec du citron.

Décortiquer les pistaches en les ouvrant à la main.

Mélanger poulet, chapelure, pistaches, œuf et épices.

Modeler des boulettes et les rouler dans la farine.

Faire rissoler les boulettes dans l'huile bien chaude.

Soupe de lentilles et d'épinards

Préparation :
10 minutes
Cuisson :
1 heure 25
Pour 4 à 6 personnes

500 g de lentilles blondes
1,25 l d'eau
2 c. à café d'huile d'olive
1 oignon, émincé
2 gousses d'ail, écrasées
20 feuilles d'épinards, coupées en lanières
1 c. à café de cumin en poudre
1 zeste de citron, râpé
2 c. à café de coriandre, hachée
1/2 l de bouillon de légumes
1/2 l d'eau

1 Porter à ébullition les lentilles dans l'eau et laisser frémir 1 heure à découvert. Rincer et égoutter les lentilles.
Dans une cocotte, chauffer l'huile.
À feu moyen, faire dorer l'oignon et l'ail, puis les épinards. pendant 2 minutes.
2 Ajouter les lentilles, le cumin, le zeste, la coriandre, le bouillon et l'eau. Laisser frémir à découvert 15 minutes.

Hacher oignon et coriandre, écraser l'ail, couper les épinards en lanières.

Faire dorer l'ail et l'oignon à feu moyen.

Laisser revenir les épinards environ 2 minutes.

Ajouter lentilles, cumin, zeste de citron, coriandre, bouillon et eau.

Égoutter le boulgour dans un tamis et le presser avec une cuillère.

Hacher finement le persil et la menthe avec un couteau.

SALADES, LÉGUMES ET PAIN

Si la réputation du taboulé n'est plus à faire, la gastronomie libanaise nous offre d'autres salades excellentes et des plats de légumes originaux.

Taboulé

Fraîcheur acidulée.

Préparation : 20 minutes
Cuisson : aucune
Pour 6 à 8 personnes

250 g de boulgour ou de semoule
1/2 l d'eau
3/4 de bol de persil plat, haché
3/4 de bol de menthe, hachée
4 oignons nouveaux, hachés
2 tomates, coupées en petits dés
1 jus de citron
1 c. à soupe d'huile d'olive
1 c. à café de poivre moulu

1 Faire tremper 10 minutes le boulgour, l'égoutter et presser avec une cuillère pour l'essorer.

2 Dans un saladier, mélanger le boulgour, le persil, la menthe, les oignons, les tomates, le jus de citron, l'huile, le poivre. Le taboulé peut servir d'entrée ou de salade, ou être un plat complet. Pour un buffet, le présenter en barquette.

Variante :
Le boulgour, blé concassé, peut être remplacé par du couscous, grain moyen.

CONSEIL
La pita fourrée de taboulé est un excellent sandwich avec du poulet, des falafels ou de l'hoummous. Conserver le taboulé au réfrigérateur, recouvert d'un film alimentaire.

Couper les tomates en petits dés, presser un citron.

Mélanger tous les ingrédients dans un saladier.

Salade de pommes de terre aux épices

Préparation : 15 minutes
Cuisson : 20 minutes
Pour 6 personnes

500 g de pommes de terre
250 g de haricots verts

ASSAISONNEMENT
4 c. à soupe d'huile d'olive
1 c. à soupe de vinaigre de vin rouge
1 gousse d'ail, écrasée
2 piments, épépinés et émincés
6 brins de coriandre, hachés
1 c. à café de graines de carvi

1 Couper en deux les pommes de terre et les faire cuire à petit bouillon, environ 20 minutes. Elles doivent être tendres, mais fermes, les égoutter. Ébouillanter, puis égoutter les haricots.

2 Assaisonnement - Mettre dans un bol l'huile d'olive, le vinaigre, l'ail, les piments, la coriandre, le carvi et battre le tout.
Servir la salade tiède ou froide, avec l'assaisonnement préparé au dernier moment.

Couper les pommes de terre en deux et les haricots verts en biseau.

Cuire les pommes de terre, environ 20 minutes.

Ébouillanter les haricots verts 2 à 3 minutes, égoutter.

Battre ensemble tous les ingrédients de l'assaisonnement.

Salade d'aubergines et de courgettes

Préparation :
25 minutes
Temps de cuisson :
6 minutes
Pour 6 personnes

2 petites aubergines
3 petites courgettes
2 c. à soupe d'huile d'olive
8 brins de coriandre, hachée
1/2 jus de citron
1/2 jus d'orange
1/2 c. à café de poivre noir moulu

1 Couper en deux les aubergines, les débiter en demi-rondelles fines. Les mettre dans une passoire et les saupoudrer de sel. Laisser dégorger 15-20 minutes.
2 Couper les courgettes en longs rubans fins. Rincer les tranches d'aubergines, les sécher avec du papier absorbant. Badigeonner d'huile les deux faces et les disposer dans un plat à four.
3 Sous le gril chaud, faire dorer les tranches, 3 minutes de chaque côté.
4 Dans un saladier, disposer aubergines et courgettes, parsemer de coriandre, poivrer, verser les jus de fruits et l'huile, remuer.

Saupoudrer de sel pour que dégorgent les tranches d'aubergines.

Avec un couteau-éplucheur, couper les courgettes en longs rubans fins.

Faire griller les aubergines huilées, 3 minutes de chaque côté.

Mélanger légumes, coriandre, jus d'orange, jus de citron, poivre et huile.

Salade d'épinards aux noix

Préparation :
15 minutes
Cuisson :
2 minutes
Pour 4 personnes

30 feuilles d'épinards frais
250 g de haricots verts, coupés en deux
1/2 oignon, émincé
1/3 de bol de yaourt entier
1 c. à soupe de jus de citron
8 feuilles de menthe, coupées en lamelles
1/2 bol de noix, coupées en morceaux
Brins de menthe fraîche
Poivron rouge, découpé en fines lanières

1 Laver les épinards à l'eau froide. Ébouillanter séparément les épinards et les haricots, 2 minutes. Égoutter, laisser refroidir.
2 Disposer épinards, haricots verts et oignon sur un plat.
3 Mélanger yaourt, jus de citron et menthe dans un bol. Verser la sauce sur la salade, parsemer de noix, de menthe et de poivron rouge. Servir la salade avec du pain pita.

Couper en deux les haricots verts et émincer l'oignon.

Plonger 2 minutes dans l'eau bouillante épinards et haricots verts.

Pour l'assaisonnement, battre yaourt, jus de citron et menthe.

Les lanières de poivron s'enroulent en spirale au contact de l'eau glacée.

Okras à la tomate et aux oignons

Préparation :
10 minutes + 4 heures de trempage
Cuisson :
1 heure 40
Pour 4 personnes

1 bol de pois chiches
750 ml d'eau
1 c. à soupe d'huile d'olive
8 petits oignons
2 gousses d'ail, écrasées
4 tomates, pelées
1 c. à soupe de jus de citron
1 bol de jus de tomate
2 c. à soupe de vin rouge (facultatif)
500 g d'okras, frais ou en boîte, rincés
1 c. à soupe d'origan, haché
1 c. à café de poivre noir moulu

1 Faire tremper les pois chiches 4 heures. ou toute la nuit. Chauffer l'huile dans une cocotte, mettre les oignons et l'ail. Laisser dorer, à feu moyen, 4 minutes. Ajouter les tomates, les pois chiches, le jus de citron, le jus de tomate et le vin. Faire mijoter couvert 40 minutes.

2 Verser les okras et prolonger la cuisson de 20 minutes. Si les okras sont en boîte, les incorporer seulement 5 minutes en fin de cuisson.

3 Parsemer d'origan, poivrer et mélanger. Servir en plat principal avec du riz, ou en accompagnement de viande.

Note : Laver les okras *(gombos)* et éplucher leur pédoncule. Pour qu'ils soient moins gélatineux, avant la cuisson les asperger d'un verre de vinaigre, les remuer, les laisser reposer 30 minutes et les rincer.

Variante : On peut remplacer les okras par des courgettes, de la courge ou des pâtissons.

Peler les tomates : les plonger dans l'eau bouillante, puis dans l'eau froide.

Mélanger tomates, pois chiches, jus de citron, jus de tomate.

Après 40 minutes de cuisson, ajouter les okras et laisser mijoter 20 minutes.

Parfumer d'origan frais et de poivre au moment de servir.

Pita

On la fait aussi avec de la farine complète.

Préparation :
10 minutes + 40 minutes de levage
Cuisson :
6-8 minutes
Pour 12 galettes

1 sachet de levure
375 ml d'eau tiède
1 c. à café de sucre en poudre
3 1/2 bols de farine de blé
2 c. à soupe d'huile d'olive

1 Dans une jatte, mélanger eau, sucre et levure. Laisser reposer 5 minutes dans un endroit tiède, jusqu'à ce qu'une mousse apparaisse.
2 Mettre la farine, la levure et l'huile dans un mixeur. Mixer rapidement, jusqu'à la formation de pâte homogène.
3 Travailler la pâte sur une planche bien farinée, jusqu'à ce qu'elle soit élastique, non collante. Mettre la boule dans une jatte huilée, la recouvrir d'un film alimentaire, puis d'un torchon propre. Laisser reposer dans un endroit tiède, 20 minutes environ, jusqu'à ce que la pâte double de volume.
4 Presser la pâte pour évacuer l'air, la diviser en 12 boules. Les étendre au rouleau en galettes de 5 mm d'épaisseur.
Les disposer sur une plaque huilée et les badigeonner d'eau. Laisser encore lever 20 minutes. Préchauffer le four à 250 °C.
5 Si les galettes se sont desséchées, les humecter à nouveau. Passer au four 4-5 minutes. La galette de pita doit être souple, peu colorée, légèrement soufflée et creuse. On peut la déguster froide avec une salade ou chaude, fourrée : hoummous, falafel, caviar d'aubergine, etc.

Mélanger levure, eau et sucre. Laisser reposer jusqu'à formation de mousse.

Mixer farine, levure et huile pour former une boule de pâte.

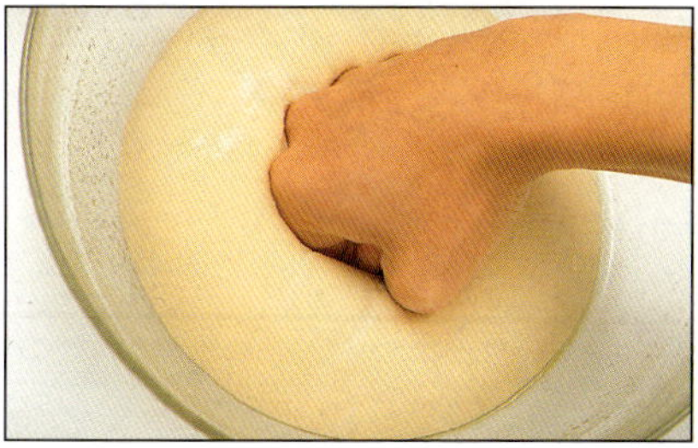

Évacuer les bulles d'air de la pâte levée et la diviser en 12 portions.

Étendre au rouleau des galettes de 5 mm d'épaisseur. Enfourner.

POULET ET POISSON

Le poulet et le poisson à la libanaise sont souvent aromatisés d'herbes fraîches, de citron ou de citron vert.

Poulet grillé à l'ail et au yaourt

Préparation : 10 minutes
Cuisson : 8 minutes
Pour 4 personnes

4 escalopes de poulet

MARINADE
1 pot de yaourt
1 c. à café de paprika
1 c. à café de poivre de la Jamaïque
2 c. à café de poivre noir moulu
3 gousses d'ail, écrasées
1 pincée de cayenne

1 Marinade - Battre ensemble les ingrédients. Disposer les escalopes de poulet sur la grille du four, huilée. Napper de sauce la face supérieure.
2 Passer sous le gril quelques minutes, puis les retourner.

Écraser l'ail saupoudré de sel avec une spatule.

Pour faire la sauce, mélanger le yaourt avec l'ail et les épices.

Disposer les escalopes sur la grille du four et les napper de sauce.

Retourner les escalopes, napper l'autre face et faire griller.

Poulet mariné au citron vert

Léger et parfumé.

Préparation : 15 minutes + marinade
Cuisson : 5-10 minutes
Pour 4 à 6 personnes

4 escalopes de poulet
2 c. à soupe d'huile d'olive

MARINADE
3 c. à soupe de jus de citron vert
1 c. à café de coriandre moulue
1 c. à café de cumin en poudre
1/2 c. à café de curcuma
1 c. à soupe de menthe, hachée

1 Découper le poulet en languettes larges de 1,5 cm.
Marinade - Mélanger tous les ingrédients dans une jatte.
Y placer les morceaux de poulet. Laisser mariner plusieurs heures, au réfrigérateur, dans le récipient couvert en la remuant de temps en temps.
Égoutter la viande, garder la marinade.
2 Chauffer l'huile dans une poêle, faire dorer les morceaux de poulet 5 à 10 minutes, puis les tremper dans la marinade.
3 Servir le poulet accompagné de hoummous dans des rouleaux de pita.

Préparer le poulet et le couper en languettes.

Mélanger jus de citron, épices et herbes pour la marinade.

Laisser mariner le poulet, l'égoutter. Le faire dorer dans l'huile bien chaude.

Cuire le poulet à point, le plonger dans la marinade avant de servir.

Poulet rôti au miel

Préparation : 15 minutes
Cuisson : 1 heure
Pour 4 à 6 personnes

1 poulet de 1,5 kg	*1 jus de citron*
2 gousses d'ail, écrasées	*4 c. à soupe de miel*
2 c. à soupe de menthe, hachée	*375 ml d'eau*
60 g de beurre	*Gingembre confit*
	Amandes effilées

1 Préchauffer le four à 180 °C. Dégraisser le poulet. Le passer sous l'eau et l'essuyer.

2 Mélanger la menthe et l'ail, glisser ce mélange sous la peau du poulet. Dans une petite casserole, faire chauffer le beurre avec le miel et le jus de citron, tout en tournant.

3 Enduire le poulet de cette préparation, le ficeler, le déposer sur une grille au-dessus d'un plat à four. Verser l'eau au fond du plat.

4 Faire dorer au four 1 heure. Servir avec gingembre confit et amandes effilées.

Mélanger la menthe et l'ail puis les glisser sous la peau du poulet.

Faire chauffer le beurre avec le miel et le jus de citron, tout en tournant.

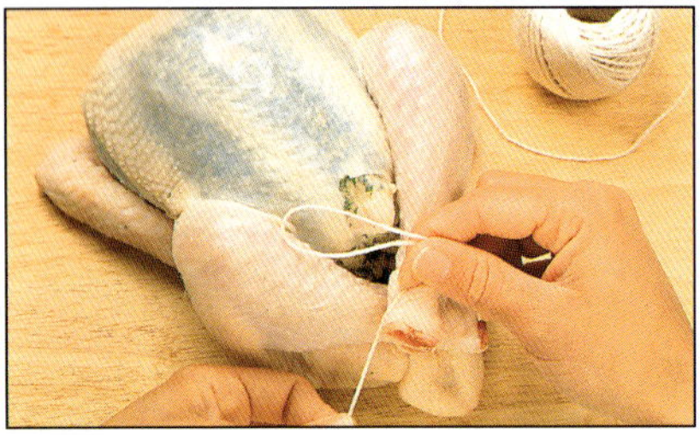

Ficeler solidement les pattes du poulet.

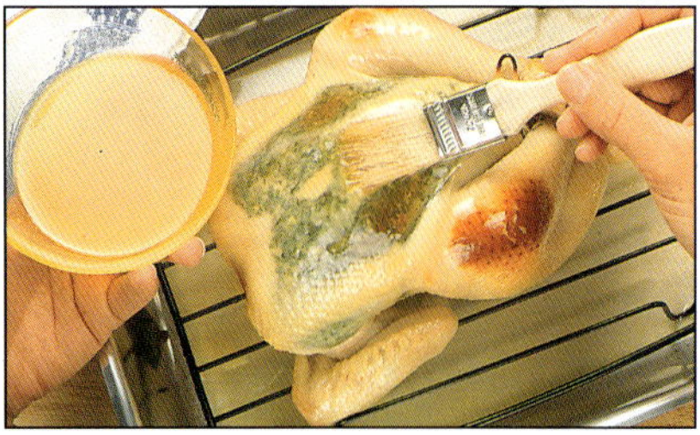

Badigeonner le poulet du mélange de miel.

Kebabs de poisson au cumin

Préparation :
10 minutes
Cuisson :
5-6 minutes
Pour 4 personnes

750 g de filets de poisson à chair blanche

MARINADE
2 c. à soupe d'huile d'olive
1 gousse d'ail, pilée
1 c. à soupe de coriandre, hachée
2 c. à café de cumin en poudre
Poivre noir moulu

1 Débiter le poisson en cubes de 3 cm et l'enfiler sur des brochettes huilées.
2 Marinade - Dans un bol, fouetter l'huile avec l'ail, la coriandre, le cumin et le poivre. Badigeonner de cette sauce les brochettes de poisson disposées dans un plat. Couvrir d'un film alimentaire et laisser mariner au réfrigérateur, quelques heures. Égoutter et garder la marinade.
3 Disposer les kebabs sur la grille du four, légèrement huilée. Les griller 5 minutes, en les retournant une fois et en les badigeonnant encore de marinade.

Couper des filets de poisson, blanc et ferme, en cubes de 3 cm de côté.

Huiler les brochettes et enfiler les morceaux de poisson.

Pour faire la marinade, mélanger huile, ail, coriandre, cumin et poivre.

Faire griller les kebabs en les badigeonnant de marinade.

Poisson sauce aux pignons

Préparation : 15 minutes
Cuisson : 10-15 minutes
Portions : 4

SAUCE AUX PIGNONS
3/4 de bol de pignons grillés
2 tranches de pain complet
1 gousse d'ail
1 c. à soupe de jus de citron
250 ml de court-bouillon
1 c. à soupe de persil, haché
15 g de beurre
1 zeste de citron, coupé en filaments
4 filets de poisson à chair blanche

1 Sauce aux pignons - Mixer rapidement les pignons, le pain et l'ail avec le jus de citron et le court-bouillon, pour obtenir une sauce crémeuse. Verser dans une casserole, ajouter le persil et tourner à feu doux.

2 Faire fondre le beurre dans une poêle avec le zeste de citron. Cuire les filets de poisson, 2 minutes de chaque côté.

3 Servir le poisson nappé de sauce aux pignons.

Pour la sauce, mixer pignons, pain, ail, jus de citron et court-bouillon.

Verser la sauce dans une casserole, mélanger le persil, chauffer à feu doux.

Faire fondre le beurre avec le zeste de citron dans une poêle.

Cuire les filets de poisson 2 minutes de chaque côté.

Poisson au tahineh pimenté

Préparation :
10 minutes
Cuisson :
30 minutes
Pour 4 personnes

2 daurades de 500 g	*SAUCE AU TAHINEH*
1 c. à soupe de gingembre frais, râpé	*1/2 bol de tahineh*
2 c. à café de paprika	*1 c. à soupe de miel*
2 oignons, émincés	*2 jus de citron*
4 c. à soupe d'eau	*1/2 bol d'eau*
	1/2 c. à café de sauce chili

1 Préchauffer le four à 180 °C. Graisser un plat à four à bords hauts. Inciser les flancs des poissons en traçant des losanges. Frotter de gingembre et saupoudrer de paprika.

2 Étaler la moitié des oignons dans le plat. Poser dessus les poissons et les recouvrir du restant d'oignons. Verser l'eau au fond du plat, couvrir et cuire 30 minutes environ.

3 Sauce au tahineh - Mélanger et chauffer tous les ingrédients. Retirer les poissons du four et les servir avec la sauce.

Inciser en diagonales les flancs de chaque poisson.

Poser les poissons entre deux couches d'oignons.

Faire cuire à four chaud, 30 minutes environ.

Mélanger tahineh, miel, jus de citron, eau et sauce chili.

Faire de profondes incisions sur le pourtour du rôti.

Glisser dans chaque incision une tranche d'ail et un zeste de citron.

MOUTON, BŒUF, VEAU

Au Liban, la viande de mouton est la plus appréciée. On cuisine moins le bœuf, dont on fait des boulettes ou des ragoûts.

Agneau rôti à la coriandre et au citron

Préparation : 15 minutes
Cuisson : 1 heure 20
Pour 6 à 8 personnes

1,8 kg de gigot d'agneau, désossé	*1/2 bol de coriandre, hachée*
2 gousses d'ail, coupées en tranches	*4 c. à soupe de persil, haché*
Zestes de citron, d'un cm de côté	*Poivre noir moulu*
	2 c. à soupe d'huile d'olive
	250 ml d'eau

1 Préchauffer le four à 180 °C. Dégraisser la viande. Avec un couteau pointu, faire de profondes incisions et insérer dans chacune une tranche de gousse d'ail et un zeste de citron.

2 Mélanger l'huile, la coriandre hachée, le persil haché et le poivre. Enduire le gigot d'agneau de ce mélange et le déposer sur une grille au-dessus d'un plat à four. Verser l'eau dans le plat.

3 Faire rôtir l'agneau 1 heure 20 au maximum. Ajouter de l'eau au fond du plat en cours de cuisson : le jus ne brûle pas et la viande ne se dessèche pas.

4 Servir le gigot rôti découpé en tranches, arrosées du jus de cuisson, avec une garniture de légumes.

Mélanger coriandre, persil, poivre, huile et en enduire l'agneau.

En cours de cuisson, verser un peu d'eau au fond du plat.

Gratin d'aubergines à l'agneau

Préparation :
30 minutes
Cuisson :
20-25 minutes
Pour 6 personnes

2 aubergines, coupées en deux dans la longueur
2 c. à café d'huile d'olive
2 oignons, émincés
1 kg d'agneau, haché
1 c. à café de poivre de la Jamaïque
2 c. à café de menthe, hachée
2 c. à soupe de confiture de gingembre
2 c. à soupe de concentré de tomate
1/2 bol de raisins secs
3 bols de riz long grain, cuit
2 bols de fromage râpé

1 Préchauffer le four à 180 °C. Graisser un plat à four à bords hauts. Disposer les tranches d'aubergine dans une passoire, les saupoudrer de sel pour qu'elles dégorgent 20 minutes. Les rincer sous l'eau courante et les sécher avec du papier absorbant.

2 Chauffer l'huile dans une poêle. Faire dorer les oignons à feu moyen, puis le hachis d'agneau, pendant 10 minutes environ, jusqu'à ce que tout le liquide s'évapore.

3 Ajouter au hachis le piment, la menthe, le gingembre, le concentré de tomate et les raisins secs. Prolonger la cuisson de 2 minutes, retirer du feu.

4 Disposer dans le plat à four la moitié des tranches d'aubergine. Les recouvrir de la moitié du hachis, puis de la moitié du riz cuit, enfin de la moitié du râpé.
Alterner 3 couches : aubergines, viande, riz.
Couvrir le plat et laisser cuire au four 20 minutes.
Le retirer pour parsemer la surface de fromage râpé.
Faire gratiner sous le gril préchauffé.

Faire dorer le hachis d'agneau dans les oignons.

Incorporer les épices, le concentré de tomate et les raisins secs.

Disposer une couche d'aubergines et étaler la moitié du hachis.

Ajouter la moitié du riz et parsemer de la moitié du fromage.

Pita à l'agneau épicé

Sandwich libanais.

Préparation :
10 minutes +
2 heures de
marinade
Pour 6 personnes

MARINADE
2 gousses d'ail, écrasées
2 c. à café d'oignon en poudre
1 c. à café de gingembre, râpé
1 c. à café de poivre noir moulu
1 c. à soupe de coriandre, hachée
125 ml de vin rouge
2 filets d'agneau
2 c. à café d'huile d'olive
4 grandes galettes de pita
2 tomates, coupées en rondelles
Taboulé
Hoummous

1 Marinade - Mélanger l'ail, l'oignon, le gingembre, le poivre, la coriandre et le vin. Plonger les filets dans la marinade, couvrir d'un film alimentaire et laisser mariner au réfrigérateur, 2 heures minimum, en les retournant parfois. Égoutter.

2 Saisir les filets, dans l'huile à feu moyen, 5 minutes de chaque côté. Déglacer avec la marinade : à feu vif, laisser réduire le jus 3 minutes. Couper les filets en tranches fines.

3 Disposer les tranches d'agneau sur des galettes de pita, chauffées et ouvertes en deux. Recouvrir : rondelles de tomates, hoummous et taboulé. Enrouler la pita autour de la garniture et servir immédiatement.

CONSEIL

L'oignon en poudre est un substitut pratique à l'oignon frais pour parfumer une marinade. Il existe aussi des mélanges d'épices tout prêts pour marinade.

Préparer la viande avec un couteau fin et pointu.

Remuer les filets dans la préparation et les laisser mariner plusieurs heures.

Saisir la viande dans l'huile. Déglacer avec la marinade et laisser réduire.

Découper en fines tranches et en garnir la pita chaude.

Keftas de bœuf

Ou de mouton.

Préparation :
20 minutes
Cuisson :
8 minutes
Pour 6 personnes

1/4 de bol de boulgour	*1 c. à café de cumin moulu*
250 ml d'eau	*1/2 c. à café de cannelle en poudre*
750 g de bœuf haché	*1/4 de bol de pignons, hachés*
1 oignon, émincé finement	*1 œuf, battu*
1 gousse d'ail, écrasée	*Taboulé*

1 Faire tremper le boulgour dans l'eau, 30 minutes. Égoutter. Dans une jatte, mélanger le boulgour avec le reste des ingrédients, le cumin et la cannelle. Répartir en 12 portions.

2 Modeler chaque portion en forme de saucisse, l'enfiler sur une brochette.

3 Griller les keftas sur une grille huilée, 8 minutes à feu vif, en les tournant pour qu'elles soient dorées et cuites au centre.

4 Accompagner de taboulé.

Mélanger le boulgour avec les autres ingrédients.

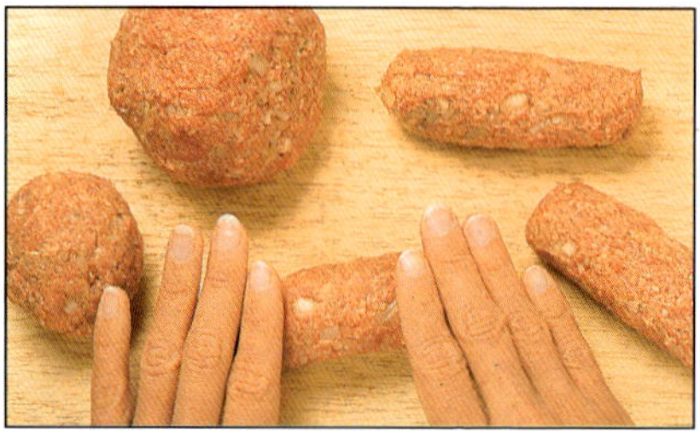

Répartir la préparation en 12 portions et former des saucisses.

Insérer une brochette en métal dans l'axe de chaque saucisse.

Faire griller les keftas en les tournant régulièrement.

Ragoût de bœuf aux okras

Préparation : 10 minutes
Cuisson : 1 heure
Pour 6 personnes

2 c. à café d'huile d'olive
2 gros oignons, coupés en huit
1 kg de bœuf à braiser, coupé en cubes de 2 cm
100 ml de vin rouge
1/4 de bol de concentré de tomate
1 c. à soupe de coriandre, hachée
8 petites pommes de terre, coupées en quatre
1/2 l de bouillon de bœuf
1/4 de bol de persil, haché
350 g d'okras frais ou 750 g d'okras en boîte, rincés et égouttés

1 Faire chauffer l'huile dans une cocotte, puis revenir les oignons à feu moyen. Ajouter les morceaux de bœuf par petites quantités, les faire dorer de tous côtés, 2-3 minutes. Remettre dans la cocotte tous les morceaux.

2 Verser le vin, le concentré de tomate, la coriandre, couvrir et laisser mijoter 35 minutes. Ajouter les pommes de terre et le bouillon de bœuf, faire cuire encore 15 minutes à découvert.

3 Mettre les okras et le persil, mélanger et prolonger la cuisson de 10 minutes. Si les okras sont en boîte, les cuire 5 minutes seulement.

4 Servir le ragoût avec du riz ou accompagné de légumes verts.

Conseil : Pour raffermir les okras, plongez-les dans le vinaigre avant cuisson.

Variante : Si vous ne trouvez pas d'okras, utilisez des courgettes, coupées en petites bûchettes.

Faire dorer les oignons, puis les morceaux de bœuf.

Déglacer au vin, ajouter concentré et coriandre, faire mijoter 35 minutes.

Incorporer les pommes de terre
et le bouillon, faire cuire 15 minutes.

Ajouter les okras et le persil,
laisser mijoter encore 10 minutes.

Boulettes de bœuf à la sauce au yaourt

Préparation :
20 minutes
Cuisson :
15 minutes
Pour 4 personnes

750 g de bœuf, haché
1 oignon, haché fin
1 c. à soupe d'aneth, haché
1/2 c. à café de cardamome, moulue
1 c. à café de cumin, moulu
2 c. à soupe d'huile d'olive

SAUCE AU YAOURT
4 pots de yaourt
1 c. à soupe de fécule de maïs
2 c. à soupe de coriandre, hachée
1 c. à café de graines de cumin

1 Dans une jatte, mélanger le bœuf haché, l'oignon, l'aneth, le cumin, la cardamome. En former des boulettes.
2 À feu moyen dans l'huile, faire rissoler les boulettes 5 à 10 minutes, en les retournant souvent. Les égoutter sur du papier absorbant.
3 Sauce au yaourt - Verser dans une casserole le yaourt et la fécule de maïs délayée avec de l'eau. La fécule empêchera le yaourt de cailler. Fouetter le mélange à froid. Faire frémir et tourner, 5 minutes environ, pour épaissir.
4 Plonger les boulettes dans la sauce et laisser frémir encore 5 minutes. Ajouter la coriandre, le cumin, bien mélanger.
Servir les boulettes en sauce accompagnées d'une salade d'oignons, ou sur des galettes de pita.
Variante : On peut faire ces boulettes avec de l'agneau, en remplaçant la coriandre par de la menthe fraîche dans la sauce au yaourt.

Mélanger les ingrédients. Former des boulettes.

Faire rissoler les boulettes dans l'huile bien chaude.

Tourner la sauce au yaourt sur feu vif jusqu'à ce qu'elle épaississe.

Plonger les boulettes dans la sauce, coriandre et cumin en fin de cuisson.

Rôti de veau farci au poulet épicé

Préparation : 15 minutes
Cuisson : 1 heure 30
Pour 6 personnes

1,8 kg d'épaule de veau
1 c. à soupe d'huile d'olive

FARCE ÉPICÉE

2 c. à café d'huile d'olive
6 oignons nouveaux, émincés
500 g de poulet, haché
200 g de chapelure de pain complet
1 c. à café de gingembre frais, râpé
2 piments, épépinés et hachés
2 œufs, battus
1/3 de bol de noix de pécan, hachées
1 c. à café de poivre noir moulu
1/4 c. à café de paprika
1/2 c. à café de coriandre, moulue

1 Préchauffer le four à 180 °C. Dégraisser et ouvrir l'épaule sur une planche à découper, fendre et aplatir les parties épaisses.

2 Farce - Faire chauffer l'huile dans une poêle, ajouter les oignons et le hachis de poulet, laisser dorer 4 minutes à feu moyen. Détacher les morceaux à la fourchette.

3 Retirer du feu, ajouter le reste des ingrédients, sauf l'huile, bien mélanger. Passer la préparation au mixeur, environ 30 secondes, pour obtenir une purée fine. Étaler la préparation à l'intérieur de l'épaule, enrouler et ficeler. Badigeonner le rôti d'un peu d'huile d'olive, le placer sur la grille d'un plat à four. Verser 30 cl d'eau au fond du plat.

4 Faire rôtir 1 heure 30 environ. Dégraisser le jus de cuisson. Servir le rôti arrosé de son jus.

Faire dorer le hachis de poulet, détacher les morceaux à la fourchette.

Ajouter les autres ingrédients de la farce. Passer au mixeur.

Étaler la farce à l'intérieur de l'épaule de veau. Enrouler et ficeler.

Badigeonner le rôti d'huile d'olive. Le faire cuire au four sur une grille.

Fouetter ensemble farine, levure, sucre, yaourt, lait et œufs.

Verser la pâte dans un moule huilé et faire cuire une heure au four.

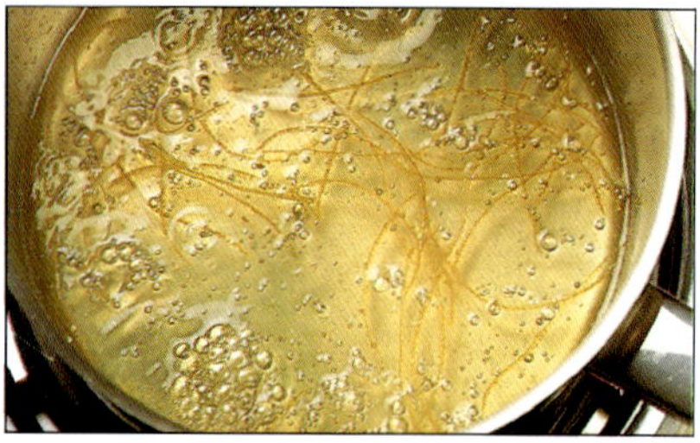

Dissoudre le sucre à feu doux, en tournant.

Répandre la moitié du sirop au citron sur le gâteau avant de le démouler.

DESSERTS ET PÂTISSERIE

Les Libanais aiment les desserts bien sucrés. Ils les parfument souvent d'eau de rose ou de fleur d'oranger et les agrémentent de miel, noix, pignons, amandes.

Gâteau au yaourt, sirop au citron

Préparation : 20 minutes
Cuisson : 50-60 minutes
Pour 8 à 10 personnes

2 1/2 bols de farine tamisée
1/2 c. à café de levure
1 bol de sucre semoule
2 pots de yaourt nature
250 ml de lait
2 œufs, légèrement battus

SIROP AU CITRON
1 1/4 de bol de sucre semoule
200 ml d'eau
1 zeste de citron, émincé
2 c. à soupe de jus de citron
Chantilly

1 Préchauffer le four à 180 °C.
Badigeonner d'huile ou de beurre un moule rond de 23 cm de diamètre. Couvrir le fond d'un papier sulfurisé huilé.
Dans une jatte, verser la farine, la levure et le sucre. Ajouter le yaourt, le lait et les œufs. Battre au fouet électrique, à petite vitesse, 2 minutes. Puis fouetter à grande vitesse, environ 5 minutes, jusqu'à ce que la pâte ait monté et que les grumeaux aient disparu.
2 À la louche, remplir le moule de cette pâte. Faire cuire au four environ 1 heure. Pour vérifier que le gâteau est cuit, enfoncer la pointe d'un couteau au centre, elle doit ressortir sèche.
Dès que le gâteau est hors du four, y répandre la moitié du sirop et le laisser reposer 10 minutes avant de le retourner sur un plat. Le servir décoré de zestes de citron, arrosé du reste de sirop et accompagné de chantilly.
3 Sirop au citron - Mettre les ingrédients (sucre, eau, citron) dans une casserole. Chauffer à petit feu et tourner jusqu'à dissolution du sucre, sans faire bouillir. Laisser frémir environ 7 minutes, jusqu'à ce que le sirop ait épaissi. Garder au chaud. Retirer le zeste au moment de servir.

Pommes fourrées à la rose

Préparation :
15 minutes
Cuisson :
20 minutes
Pour 4 personnes

GARNITURE	SIROP À LA ROSE
1/2 bol d'abricots confits, hachés	1 bol de sucre
2 c. à soupe de gingembre confit, râpé	1/2 l d'eau
80 g de raisins secs	2 c. à café d'eau de rose
1 zeste de citron vert, émincé	4 grosses pommes, coupées en deux

1 Préchauffer le four à 180 °C.

2 Garniture - Mélanger tous les ingrédients dans un bol.

3 Sirop de rose - Mélanger sucre, eau et eau de rose dans une casserole. Chauffer à feu doux et tourner jusqu'à dissolution du sucre, 4 minutes.

4 Retirer le cœur des pommes, les farcir de garniture, les disposer dans un plat à four beurré, les napper de sirop. Couvrir et faire cuire au four les pommes 20 minutes, en les arrosant du jus de leur cuisson.

Verser le sirop à la rose dans un plat à four, beurré.

Couper les pommes en deux et vider le cœur.

Fourrer chaque moitié de pomme avec la garniture.

Napper les pommes de sirop avant et pendant la cuisson.

Crêpes à la fleur d'oranger

Préparation : 20 minutes
Cuisson : 30 minutes
Pour 6 personnes

CRÊPES
2 bols de farine
1/2 c. à café de levure
2 c. à café de sucre semoule
375 ml de lait
125 ml d'eau
1 œuf, battu
Huile

SIROP À LA FLEUR D'ORANGER
1 bol de sucre
1 c. à soupe de jus de citron
1 c. à soupe d'eau de fleur d'oranger

1 Pâte à crêpes - Tamiser la farine avec la levure et le sucre au-dessus d'une jatte. Creuser un puits.
Y verser peu à peu le mélange de lait, d'œuf et d'eau, délayer en tournant, jusqu'à obtenir une pâte homogène et fluide. Verser cette préparation dans un récipient, le couvrir d'un sachet en plastique et réfrigérer 15 minutes.
2 Dans une poêle légèrement huilée, chauffée à feu moyen, verser une petite louche de pâte à crêpes, remuer la poêle pour étaler la pâte.
3 Laisser dorer le dessous de la crêpe jusqu'à ce que des bulles apparaissent en surface, environ 3 minutes.
Retourner la crêpe, faire dorer l'autre face. La poser sur un plat, couvrir d'un linge et garder au chaud.
4 Procéder de même pour toutes les crêpes en ayant soin de huiler la poêle lorsque le fond est sec.
5 Sirop à la fleur d'oranger - Mélanger sucre, eau, jus de citron et eau de fleur d'oranger dans une petite casserole.
Chauffer à feu doux et remuer constamment jusqu'à ce que le sucre soit dissous et que le liquide bouillonne.
Laisser frémir à découvert, sans remuer, 5 minutes environ, jusqu'à ce que le sirop soit suffisamment épais.
6 Retirer du feu et laisser reposer 2 minutes.
7 Servir les crêpes arrosées de sirop à la fleur d'oranger.
Variantes :
On peut enrichir ce dessert en l'accompagnant de chantilly, de confiture, de miel ou de pistaches hachées.

Mélanger les ingrédients secs, y délayer peu à peu le lait, les œufs et l'eau.

Étaler un peu de pâte sur le fond de la poêle huilé, en la basculant.

Lorsque des bulles apparaissent à la surface, retourner la crêpe.

Faire dissoudre le sucre et laisser réduire le sirop parfumé.

Biscuits aux noix

Pour accompagner une glace ou le café.

Préparation : 30 minutes
Cuisson : 15-20 minutes
Pour 28 biscuits

200 g de beurre, ramolli
1/2 bol de sucre semoule
2 c. à soupe d'eau de fleur d'oranger
2 bols de farine

FARCE AUX NOIX
1/2 bol de noix, hachées
1/4 de bol de sucre semoule
1 c. à café de cannelle

1 Préchauffer le four à 160 °C. Graisser une plaque à pâtisserie, la recouvrir d'un papier huilé.
2 Dans un bol, battre en crème légère le sucre avec le beurre. Verser cette crème dans une jatte. Avec une cuillère en métal, incorporer doucement l'eau de fleur d'oranger et la farine, puis pétrir pour obtenir une pâte homogène.
3 Farce aux noix - Dans un récipient, bien mélanger noix, sucre et cannelle. Prélever la pâte à biscuit par grosses cuillerées et la rouler entre les mains pour former des boules. Appuyer le pouce au centre de chaque boule pour la creuser. Y placer 1 cuillerée de farce aux noix. Mettre les boules farcies sur la plaque huilée, les aplatir légèrement. Faire cuire au four 15 à 20 minutes, jusqu'à ce que les biscuits soient dorés. Les laisser refroidir sur une grille.

Note : On parfume souvent sirops et gâteaux à l'eau de fleur d'oranger au Moyen-Orient, mais aussi en France où l'on aromatise certains desserts, la pâte à crêpes ou à beignets.

Battre sucre et beurre en crème, au fouet électrique.

Modeler des boules de pâte entre les mains.

Creuser les boules avec le pouce et les garnir de farce aux noix.

Lorsque les biscuits sont dorés, les laisser refroidir sur une grille.

INDEX